Mamma, giochiamo!

Shelley Admont
Illustraziondi di Biljana Serafimovska

www.kidkiddos.com
Copyright©2015 by S.A.Publishing ©2017 by KidKiddos Books Ltd.
support@kidkiddos.com

All rights reserved. No part of this book may be reproduced in any form or by any electronic or mechanical means, including information storage and retrieval systems, without written permission from the publisher or author, except in the case of a reviewer, who may quote brief passages embodied in critical articles or in a review.

Tutti i diritti sono riservati. Nessuna parte di questa pubblicazione può essere riprodotta, memorizzata in sistemi di recupero o trasmessa in qualsiasi forma o attraverso qualsiasi mezzo elettronico, meccanico, mediante fotocopiatura, registrazione o altro, senza l'autorizzazione del possessore del copyright.

First edition, 2019

Edited by Martha Robert
Translated from English by Sara Adinolfi
Traduzione dall'inglese di Sara Adinolfi
Italian editing by Elena Germini

Library and Archives Canada Cataloguing in Publication
Let's play, Mom! (Italian Edition) / Shelley Admont

ISBN: 978-1-5259-1140-8 paperback
ISBN: 978-1-5259-1141-5 hardcover
ISBN: 978-1-5259-1139-2 eBook

Although the author and the publisher have made every effort to ensure the accuracy and completeness of information contained in this book, we assume no responsibility for errors, inaccuracies, omission, inconsistency, or consequences from such information.

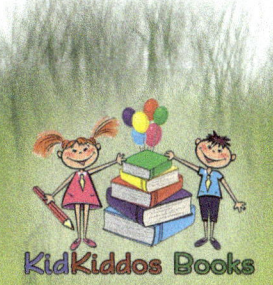

Mia madre è una scienziata. È un lavoro molto importante e la tiene sempre impegnata.

Tutti i giorni viene a prendermi a scuola.

"Ciao tesoro!" dice con un grande sorriso, e mi abbraccia.

Le chiedo sempre "Oggi andiamo al parco?"

E lei risponde sempre, ridendo "Si" e mi porta al grande parco che si trova all'angolo della strada di casa nostra. È il mio posto preferito.

Lì ci sono un grande scivolo rosso, altalene, ma il mio gioco preferito è la scala orizzontale.

Ti ci puoi arrampicare lasciando penzolare i piedi e puoi fingere di essere qualsiasi cosa.

A volte sono un pirata che si arrampica sull'albero della sua grande nave.

Altre volte, sono un'esploratrice che deve passare da una parte all'altra del giardino senza cadere nel fiume immaginario che lo attraversa.

Però mamma non gioca mai con me. Lei è una scienziata e ha sempre tanto lavoro da fare. Si siede sulla panchina col suo portatile e comincia a scrivere.

"Mamma vieni a giocare?" le chiedo.

Mamma alza lo sguardo dal portatile. "Mi dispiace tesoro. Ho ancora del lavoro da sbrigare."

Il giorno seguente, dopo la scuola, c'è qualcosa di diverso.

Quando mi saluta e dice, "Ciao tesoro!" il suo sorriso non è grande come al solito.

Corro verso l'area giochi mentre mamma si siede sulla panchina.

Mi viene un'idea. Ho pensato che, siccome giocare mi rende felice, allora potrebbe avere lo stesso effetto anche sulla mamma.

"Vieni a giocare con me, mamma!" le grido.

"Non posso, tesoro. In ogni caso, penso proprio che cascherei da quell'affare" risponde lei con un sorriso triste.

"Ti mostro io come si fa, mamma! È divertente!"

Mamma sospira, ripone il portatile e mi raggiunge.

"Forza tesoro" mi dice. "Fammi vedere come si fa."

Nel momento in cui sale sulla scala, inizia a sorridere di nuovo.

Le mostro come afferrare le sbarre e passare da una all'altra.

Quando sbaglia, esclamo, "No mamma, così!" e lei mi sorride, con un gran sorriso.

Poco dopo ci siamo io e mamma che dondoliamo su e giù.

"Io sono la mamma scimmia, allora" riprende mamma, sempre dondolando. "Guarda scimmietta, ti sto inseguendo!"

Ma siccome è da molto più tempo di mamma che mi arrampico su questo attrezzo, sono più veloce e lei non riesce a prendermi.

E scoppiamo a ridere entrambe.

"Ti piace giocare, mamma?" le chiedo, mentre mi dondolo a testa in giù.

Mamma ride "Si, tesoro, mi piace un sacco!"

Ora mamma è di nuovo felice!

Quando arriviamo lì, mamma non si siede sulla panchina.

"Cosa fai mamma?" domando.

"Voglio giocare con te. È divertente!" risponde.

Sono così felice, ho sempre voluto che mamma giocasse con me.

Giochiamo di nuovo nell'area giochi. Mamma ha tantissime idee per giochi nuovi, e questo li rende ancora più divertenti!

E le piace, proprio quanto piace a me!

www.ingramcontent.com/pod-product-compliance
Lightning Source LLC
Chambersburg PA
CBHW061145070526
44584CB00033B/4421